Class _____   **Date** _____

Name	Mon		Tue		Wed		Thu		Fri	
_____										
_____										
_____										
_____										
_____										
_____										
_____										
_____										
_____										
_____										
_____										
_____										
_____										
_____										
_____										
_____										
_____										
_____										

Class _____   Date _____

Name	Mon		Tue		Wed		Thu		Fri	
_____										
_____										
_____										
_____										
_____										
_____										
_____										
_____										
_____										
_____										
_____										
_____										
_____										
_____										
_____										
_____										
_____										
_____										

Class _____   **Date** _____

Name	Mon		Tue		Wed		Thu		Fri	
_____										
_____										
_____										
_____										
_____										
_____										
_____										
_____										
_____										
_____										
_____										
_____										
_____										
_____										
_____										
_____										
_____										
_____										
_____										

Class _____   Date _____

Name	Mon		Tue		Wed		Thu		Fri	
_____										
_____										
_____										
_____										
_____										
_____										
_____										
_____										
_____										
_____										
_____										
_____										
_____										
_____										
_____										
_____										
_____										
_____										
_____										

Class _____ Date _____

Name	Mon		Tue		Wed		Thu		Fri	
_____										
_____										
_____										
_____										
_____										
_____										
_____										
_____										
_____										
_____										
_____										
_____										
_____										
_____										
_____										
_____										
_____										
_____										

Class _____   Date _____

Name	Mon		Tue		Wed		Thu		Fri	
_____										
_____										
_____										
_____										
_____										
_____										
_____										
_____										
_____										
_____										
_____										
_____										
_____										
_____										
_____										
_____										
_____										
_____										

Class _____   Date _____

Name	Mon		Tue		Wed		Thu		Fri	
_____										
_____										
_____										
_____										
_____										
_____										
_____										
_____										
_____										
_____										
_____										
_____										
_____										
_____										
_____										
_____										
_____										
_____										

Class _____   Date _____

Name	Mon		Tue		Wed		Thu		Fri	
_____										
_____										
_____										
_____										
_____										
_____										
_____										
_____										
_____										
_____										
_____										
_____										
_____										
_____										
_____										
_____										

Class _____ **Date** _____

Name	Mon		Tue		Wed		Thu		Fri	
_____										
_____										
_____										
_____										
_____										
_____										
_____										
_____										
_____										
_____										
_____										
_____										
_____										
_____										
_____										
_____										
_____										
_____										

Class _____   Date _____

Name	Mon		Tue		Wed		Thu		Fri	
_____										
_____										
_____										
_____										
_____										
_____										
_____										
_____										
_____										
_____										
_____										
_____										
_____										
_____										
_____										
_____										
_____										

Class _____   Date _____

Name	Mon			Tue			Wed			Thu			Fri		
_____															
_____															
_____															
_____															
_____															
_____															
_____															
_____															
_____															
_____															
_____															
_____															
_____															
_____															
_____															
_____															
_____															

Class _____   Date _____

Name	Mon			Tue			Wed			Thu			Fri		
_____															
_____															
_____															
_____															
_____															
_____															
_____															
_____															
_____															
_____															
_____															
_____															
_____															
_____															
_____															
_____															
_____															

Class _____   **Date** _____

Name	Mon		Tue		Wed		Thu		Fri	
_____										
_____										
_____										
_____										
_____										
_____										
_____										
_____										
_____										
_____										
_____										
_____										
_____										
_____										
_____										
_____										
_____										
_____										

Class _____   Date _____

Name	Mon		Tue		Wed		Thu		Fri	
_____										
_____										
_____										
_____										
_____										
_____										
_____										
_____										
_____										
_____										
_____										
_____										
_____										
_____										
_____										
_____										

Class _____   Date _____

| Name |

	Mon			Tue			Wed			Thu			Fri		
_____															
_____															
_____															
_____															
_____															
_____															
_____															
_____															
_____															
_____															
_____															
_____															
_____															
_____															
_____															
_____															
_____															

Class _____   Date _____

Name	Mon			Tue			Wed			Thu			Fri		
_____															
_____															
_____															
_____															
_____															
_____															
_____															
_____															
_____															
_____															
_____															
_____															
_____															
_____															
_____															
_____															
_____															
_____															

Class _____

Date _____

Name	Mon		Tue		Wed		Thu		Fri	
_____										
_____										
_____										
_____										
_____										
_____										
_____										
_____										
_____										
_____										
_____										
_____										
_____										
_____										
_____										
_____										
_____										

Class _____   Date _____

Name	Mon		Tue		Wed		Thu		Fri	
_____										
_____										
_____										
_____										
_____										
_____										
_____										
_____										
_____										
_____										
_____										
_____										
_____										
_____										
_____										
_____										

Class _____   Date _____

Name	Mon			Tue			Wed			Thu			Fri		

Class _____ Date _____

Name	Mon			Tue			Wed			Thu			Fri		
_____															
_____															
_____															
_____															
_____															
_____															
_____															
_____															
_____															
_____															
_____															
_____															
_____															
_____															
_____															
_____															
_____															
_____															

Class _____   **Date** _____

Name	Mon		Tue		Wed		Thu		Fri	
_____										
_____										
_____										
_____										
_____										
_____										
_____										
_____										
_____										
_____										
_____										
_____										
_____										
_____										
_____										
_____										
_____										

Class _____ **Date** _____

Name	Mon		Tue		Wed		Thu		Fri	
_____										
_____										
_____										
_____										
_____										
_____										
_____										
_____										
_____										
_____										
_____										
_____										
_____										
_____										
_____										
_____										
_____										

Class _____   Date _____

Name	Mon			Tue			Wed			Thu			Fri		
_____															
_____															
_____															
_____															
_____															
_____															
_____															
_____															
_____															
_____															
_____															
_____															
_____															
_____															
_____															

Class _____   Date _____

Name	Mon		Tue		Wed		Thu		Fri	
_____										
_____										
_____										
_____										
_____										
_____										
_____										
_____										
_____										
_____										
_____										
_____										
_____										
_____										
_____										
_____										
_____										

Class _____   Date _____

Name	Mon		Tue		Wed		Thu		Fri	
_____										
_____										
_____										
_____										
_____										
_____										
_____										
_____										
_____										
_____										
_____										
_____										
_____										
_____										
_____										
_____										
_____										
_____										
_____										
_____										

Class _____   Date _____

Name	Mon		Tue		Wed		Thu		Fri	
_____										
_____										
_____										
_____										
_____										
_____										
_____										
_____										
_____										
_____										
_____										
_____										
_____										
_____										
_____										
_____										
_____										

Class _____   Date _____

Name	Mon			Tue			Wed			Thu			Fri		
_____															
_____															
_____															
_____															
_____															
_____															
_____															
_____															
_____															
_____															
_____															
_____															
_____															
_____															
_____															
_____															
_____															

Class _____		Date _____

Name

	Mon		Tue		Wed		Thu		Fri	

Class _____   **Date** _____

Name	Mon		Tue		Wed		Thu		Fri	
_____										
_____										
_____										
_____										
_____										
_____										
_____										
_____										
_____										
_____										
_____										
_____										
_____										
_____										
_____										
_____										
_____										
_____										

Class _____   Date _____

Name	Mon		Tue		Wed		Thu		Fri	
_____										
_____										
_____										
_____										
_____										
_____										
_____										
_____										
_____										
_____										
_____										
_____										
_____										
_____										
_____										
_____										
_____										

Class _____   **Date** _____

Name	Mon		Tue		Wed		Thu		Fri	
_____										
_____										
_____										
_____										
_____										
_____										
_____										
_____										
_____										
_____										
_____										
_____										
_____										
_____										
_____										
_____										

Class _____ Date _____

Name	Mon		Tue		Wed		Thu		Fri	
_____										
_____										
_____										
_____										
_____										
_____										
_____										
_____										
_____										
_____										
_____										
_____										
_____										
_____										
_____										
_____										
_____										
_____										

Class _____   **Date** _____

Name	Mon		Tue		Wed		Thu		Fri	
_____										
_____										
_____										
_____										
_____										
_____										
_____										
_____										
_____										
_____										
_____										
_____										
_____										
_____										
_____										
_____										
_____										
_____										
_____										

Class _____   Date _____

Name	Mon		Tue		Wed		Thu		Fri	
_____										
_____										
_____										
_____										
_____										
_____										
_____										
_____										
_____										
_____										
_____										
_____										
_____										
_____										
_____										
_____										
_____										

Class _____   Date _____

Name	Mon			Tue			Wed			Thu			Fri		
_____															
_____															
_____															
_____															
_____															
_____															
_____															
_____															
_____															
_____															
_____															
_____															
_____															
_____															
_____															
_____															

Class _____   **Date** _____

Name	Mon		Tue		Wed		Thu		Fri	
_____										
_____										
_____										
_____										
_____										
_____										
_____										
_____										
_____										
_____										
_____										
_____										
_____										
_____										
_____										
_____										
_____										
_____										

Class _____					Date _____				

Name	Mon		Tue		Wed		Thu		Fri	
_____										
_____										
_____										
_____										
_____										
_____										
_____										
_____										
_____										
_____										
_____										
_____										
_____										
_____										
_____										
_____										

Class _____   Date _____

Name	Mon		Tue		Wed		Thu		Fri	
_____										
_____										
_____										
_____										
_____										
_____										
_____										
_____										
_____										
_____										
_____										
_____										
_____										
_____										
_____										
_____										
_____										
_____										

Class _____   Date _____

Name	Mon		Tue		Wed		Thu		Fri	
_____										
_____										
_____										
_____										
_____										
_____										
_____										
_____										
_____										
_____										
_____										
_____										
_____										
_____										

Class _____   Date _____

Name	Mon		Tue		Wed		Thu		Fri	
_____										
_____										
_____										
_____										
_____										
_____										
_____										
_____										
_____										
_____										
_____										
_____										
_____										
_____										
_____										
_____										
_____										
_____										

Class _____   Date _____

Name	Mon		Tue		Wed		Thu		Fri	

Class _____   **Date** _____

Name	Mon		Tue		Wed		Thu		Fri	
_____										
_____										
_____										
_____										
_____										
_____										
_____										
_____										
_____										
_____										
_____										
_____										
_____										
_____										
_____										
_____										

Class _____   Date _____

Name	Mon		Tue		Wed		Thu		Fri	
_____										
_____										
_____										
_____										
_____										
_____										
_____										
_____										
_____										
_____										
_____										
_____										
_____										
_____										
_____										
_____										
_____										
_____										

Class _____   Date _____

Name	Mon		Tue		Wed		Thu		Fri	
_____										
_____										
_____										
_____										
_____										
_____										
_____										
_____										
_____										
_____										
_____										
_____										
_____										
_____										
_____										
_____										
_____										
_____										

Class _____   Date _____

Name	Mon	Tue	Wed	Thu	Fri
_____										
_____										
_____										
_____										
_____										
_____										
_____										
_____										
_____										
_____										
_____										
_____										
_____										
_____										
_____										
_____										
_____										

Class _____   Date _____

Name	Mon		Tue		Wed		Thu		Fri	
_____										
_____										
_____										
_____										
_____										
_____										
_____										
_____										
_____										
_____										
_____										
_____										
_____										
_____										
_____										
_____										
_____										
_____										

Class _____ Date _____

Name	Mon		Tue		Wed		Thu		Fri	
_____										
_____										
_____										
_____										
_____										
_____										
_____										
_____										
_____										
_____										
_____										
_____										
_____										
_____										
_____										
_____										
_____										

Class _____   Date _____

Name	Mon		Tue		Wed		Thu		Fri	
_____										
_____										
_____										
_____										
_____										
_____										
_____										
_____										
_____										
_____										
_____										
_____										
_____										
_____										
_____										
_____										

Class _____   Date _____

Name	Mon		Tue		Wed		Thu		Fri	
_____										
_____										
_____										
_____										
_____										
_____										
_____										
_____										
_____										
_____										
_____										
_____										
_____										
_____										
_____										
_____										
_____										
_____										
_____										

Class _____   Date _____

Name	Mon		Tue		Wed		Thu		Fri	
_____										
_____										
_____										
_____										
_____										
_____										
_____										
_____										
_____										
_____										
_____										
_____										
_____										
_____										
_____										
_____										
_____										
_____										

Class _____   **Date** _____

Name	Mon		Tue		Wed		Thu		Fri	
_____										
_____										
_____										
_____										
_____										
_____										
_____										
_____										
_____										
_____										
_____										
_____										
_____										
_____										
_____										
_____										
_____										

Class _____   Date _____

Name	Mon	Tue	Wed	Thu	Fri
_____															
_____															
_____															
_____															
_____															
_____															
_____															
_____															
_____															
_____															
_____															
_____															
_____															
_____															
_____															
_____															
_____															

Class _____   Date _____

Name	Mon		Tue		Wed		Thu		Fri	
_____										
_____										
_____										
_____										
_____										
_____										
_____										
_____										
_____										
_____										
_____										
_____										
_____										
_____										
_____										
_____										
_____										
_____										

Class _____   Date _____

Name	Mon			Tue			Wed			Thu			Fri		
_____															
_____															
_____															
_____															
_____															
_____															
_____															
_____															
_____															
_____															
_____															
_____															
_____															
_____															
_____															
_____															
_____															

Class _____   Date _____

Name	Mon		Tue		Wed		Thu		Fri	
_____										
_____										
_____										
_____										
_____										
_____										
_____										
_____										
_____										
_____										
_____										
_____										
_____										
_____										
_____										
_____										
_____										
_____										
_____										

Class _____   Date _____

Name	Mon			Tue			Wed			Thu			Fri		
_____															
_____															
_____															
_____															
_____															
_____															
_____															
_____															
_____															
_____															
_____															
_____															
_____															
_____															
_____															
_____															
_____															

Class _____   Date _____

Name	Mon		Tue		Wed		Thu		Fri	

Class _____   Date _____

Name	Mon		Tue		Wed		Thu		Fri	
_____										
_____										
_____										
_____										
_____										
_____										
_____										
_____										
_____										
_____										
_____										
_____										
_____										
_____										
_____										
_____										
_____										
_____										
_____										

Class _____   Date _____

Name

Mon	Tue	Wed	Thu	Fri

_____

_____

_____

_____

_____

_____

_____

_____

_____

_____

_____

_____

_____

_____

_____

Class _____   Date _____

Name	Mon			Tue			Wed			Thu			Fri		
_____															
_____															
_____															
_____															
_____															
_____															
_____															
_____															
_____															
_____															
_____															
_____															
_____															
_____															
_____															
_____															
_____															

Class _____   Date _____

Name	Mon		Tue		Wed		Thu		Fri	
_____										
_____										
_____										
_____										
_____										
_____										
_____										
_____										
_____										
_____										
_____										
_____										
_____										
_____										
_____										
_____										
_____										
_____										

Class _____   Date _____

Name	Mon		Tue		Wed		Thu		Fri	
_____										
_____										
_____										
_____										
_____										
_____										
_____										
_____										
_____										
_____										
_____										
_____										
_____										
_____										
_____										
_____										
_____										

Class _____ Date _____

Name	Mon			Tue			Wed			Thu			Fri		
_____															
_____															
_____															
_____															
_____															
_____															
_____															
_____															
_____															
_____															
_____															
_____															
_____															
_____															
_____															
_____															
_____															

Class _____   Date _____

Name	Mon		Tue		Wed		Thu		Fri	
_____										
_____										
_____										
_____										
_____										
_____										
_____										
_____										
_____										
_____										
_____										
_____										
_____										
_____										
_____										
_____										

Class _____   Date _____

Name	Mon			Tue			Wed			Thu			Fri		
_____															
_____															
_____															
_____															
_____															
_____															
_____															
_____															
_____															
_____															
_____															
_____															
_____															
_____															
_____															
_____															
_____															

Class _____	Date _____

Name	Mon			Tue			Wed			Thu			Fri		
_____															
_____															
_____															
_____															
_____															
_____															
_____															
_____															
_____															
_____															
_____															
_____															
_____															
_____															
_____															
_____															
_____															

Class _____ Date _____

Name	Mon		Tue		Wed		Thu		Fri	
_____										
_____										
_____										
_____										
_____										
_____										
_____										
_____										
_____										
_____										
_____										
_____										
_____										
_____										
_____										
_____										

Class _____   Date _____

Name	Mon		Tue		Wed		Thu		Fri	
_____										
_____										
_____										
_____										
_____										
_____										
_____										
_____										
_____										
_____										
_____										
_____										
_____										
_____										
_____										
_____										
_____										
_____										
_____										

Class _____   Date _____

Name	Mon		Tue		Wed		Thu		Fri	
_____										
_____										
_____										
_____										
_____										
_____										
_____										
_____										
_____										
_____										
_____										
_____										
_____										
_____										
_____										
_____										
_____										
_____										

Class _____   **Date** _____

Name	Mon		Tue		Wed		Thu		Fri	
_____										
_____										
_____										
_____										
_____										
_____										
_____										
_____										
_____										
_____										
_____										
_____										
_____										
_____										
_____										
_____										

Class _____ **Date** _____

Name	Mon		Tue		Wed		Thu		Fri	
_____										
_____										
_____										
_____										
_____										
_____										
_____										
_____										
_____										
_____										
_____										
_____										
_____										
_____										
_____										
_____										
_____										

<u>Class</u> _____   <u>Date</u> _____

Name	Mon			Tue			Wed			Thu			Fri		
_____															
_____															
_____															
_____															
_____															
_____															
_____															
_____															
_____															
_____															
_____															
_____															
_____															
_____															
_____															
_____															
_____															

Class _____ **Date** _____

Name	Mon		Tue		Wed		Thu		Fri	
_____										
_____										
_____										
_____										
_____										
_____										
_____										
_____										
_____										
_____										
_____										
_____										
_____										
_____										

Class _____   Date _____

Name	Mon			Tue			Wed			Thu			Fri		
_____															
_____															
_____															
_____															
_____															
_____															
_____															
_____															
_____															
_____															
_____															
_____															
_____															
_____															
_____															
_____															
_____															
_____															

Class _____   Date _____

Name	Mon		Tue		Wed		Thu		Fri	
_____										
_____										
_____										
_____										
_____										
_____										
_____										
_____										
_____										
_____										
_____										
_____										
_____										
_____										
_____										
_____										

Class _____   **Date** _____

Name	Mon		Tue		Wed		Thu		Fri	
_____										
_____										
_____										
_____										
_____										
_____										
_____										
_____										
_____										
_____										
_____										
_____										
_____										
_____										
_____										
_____										
_____										
_____										

Class _____   **Date** _____

Name	Mon		Tue		Wed		Thu		Fri	
_____										
_____										
_____										
_____										
_____										
_____										
_____										
_____										
_____										
_____										
_____										
_____										
_____										
_____										
_____										
_____										

Class _____			Date _____								
Name	**Mon**		**Tue**		**Wed**		**Thu**		**Fri**	
_____										
_____										
_____										
_____										
_____										
_____										
_____										
_____										
_____										
_____										
_____										
_____										
_____										
_____										
_____										
_____										
_____										
_____										

Class _____   **Date** _____

Name	Mon			Tue			Wed			Thu			Fri		
_____															
_____															
_____															
_____															
_____															
_____															
_____															
_____															
_____															
_____															
_____															
_____															
_____															
_____															
_____															
_____															
_____															
_____															
_____															
_____															

Class _____   Date _____

Name	Mon			Tue			Wed			Thu			Fri		
_____															
_____															
_____															
_____															
_____															
_____															
_____															
_____															
_____															
_____															
_____															
_____															
_____															
_____															
_____															
_____															
_____															
_____															

Class _____   Date _____

Name	Mon		Tue		Wed		Thu		Fri	
_____										
_____										
_____										
_____										
_____										
_____										
_____										
_____										
_____										
_____										
_____										
_____										
_____										
_____										
_____										
_____										

Class _____   **Date** _____

Name	Mon			Tue			Wed			Thu			Fri		
_____															
_____															
_____															
_____															
_____															
_____															
_____															
_____															
_____															
_____															
_____															
_____															
_____															
_____															
_____															
_____															
_____															

Class _____   **Date** _____

Name	Mon			Tue			Wed			Thu			Fri		
_____															
_____															
_____															
_____															
_____															
_____															
_____															
_____															
_____															
_____															
_____															
_____															
_____															
_____															
_____															
_____															
_____															

Class _____   Date _____

Name

	Mon			Tue			Wed			Thu			Fri		
_____															
_____															
_____															
_____															
_____															
_____															
_____															
_____															
_____															
_____															
_____															
_____															
_____															
_____															
_____															
_____															
_____															

Class _____   Date _____

Name	Mon		Tue		Wed		Thu		Fri	
_____										
_____										
_____										
_____										
_____										
_____										
_____										
_____										
_____										
_____										
_____										
_____										
_____										
_____										
_____										
_____										
_____										

Class _____   Date _____

Name	Mon		Tue		Wed		Thu		Fri	
_____										
_____										
_____										
_____										
_____										
_____										
_____										
_____										
_____										
_____										
_____										
_____										
_____										
_____										
_____										
_____										
_____										
_____										

Class _____   **Date** _____

Name	Mon			Tue			Wed			Thu			Fri		
_____															
_____															
_____															
_____															
_____															
_____															
_____															
_____															
_____															
_____															
_____															
_____															
_____															
_____															
_____															
_____															
_____															
_____															

Class _____   Date _____

Name	Mon		Tue		Wed		Thu		Fri	
_____										
_____										
_____										
_____										
_____										
_____										
_____										
_____										
_____										
_____										
_____										
_____										
_____										
_____										
_____										
_____										

Class _____   Date _____

Name	Mon		Tue		Wed		Thu		Fri	
_____										
_____										
_____										
_____										
_____										
_____										
_____										
_____										
_____										
_____										
_____										
_____										
_____										
_____										
_____										
_____										
_____										
_____										

Class _____   **Date** _____

Name	Mon		Tue		Wed		Thu		Fri	
_____										
_____										
_____										
_____										
_____										
_____										
_____										
_____										
_____										
_____										
_____										
_____										
_____										
_____										
_____										
_____										
_____										
_____										

Class _____   Date _____

Name	Mon		Tue		Wed		Thu		Fri	
_____										
_____										
_____										
_____										
_____										
_____										
_____										
_____										
_____										
_____										
_____										
_____										
_____										
_____										
_____										
_____										
_____										

Class _____   Date _____

Name	Mon		Tue		Wed		Thu		Fri	
_____										
_____										
_____										
_____										
_____										
_____										
_____										
_____										
_____										
_____										
_____										
_____										
_____										
_____										
_____										
_____										

Class _____   Date _____

Name	Mon		Tue		Wed		Thu		Fri	
_____										
_____										
_____										
_____										
_____										
_____										
_____										
_____										
_____										
_____										
_____										
_____										
_____										
_____										
_____										
_____										
_____										
_____										

Class _____   Date _____

Name	Mon			Tue			Wed			Thu			Fri		
_____															
_____															
_____															
_____															
_____															
_____															
_____															
_____															
_____															
_____															
_____															
_____															
_____															
_____															
_____															
_____															
_____															
_____															

Class _____   **Date** _____

Name	Mon			Tue			Wed			Thu			Fri		
_____															
_____															
_____															
_____															
_____															
_____															
_____															
_____															
_____															
_____															
_____															
_____															
_____															
_____															
_____															
_____															
_____															

Class _____   **Date** _____

Name	Mon			Tue			Wed			Thu			Fri		
_____															
_____															
_____															
_____															
_____															
_____															
_____															
_____															
_____															
_____															
_____															
_____															
_____															
_____															
_____															
_____															
_____															

Class _____   **Date** _____

Name	Mon		Tue		Wed		Thu		Fri	
_____										
_____										
_____										
_____										
_____										
_____										
_____										
_____										
_____										
_____										
_____										
_____										
_____										
_____										
_____										
_____										
_____										
_____										

Class _____   Date _____

Name	Mon		Tue		Wed		Thu		Fri	
_____										
_____										
_____										
_____										
_____										
_____										
_____										
_____										
_____										
_____										
_____										
_____										
_____										
_____										
_____										
_____										
_____										

Class _____   **Date** _____

Name	Mon		Tue		Wed		Thu		Fri	

Class _____			Date _____		

Name	Mon	Tue	Wed	Thu	Fri
_____					
_____					
_____					
_____					
_____					
_____					
_____					
_____					
_____					
_____					
_____					
_____					
_____					
_____					
_____					
_____					
_____					

www.ingramcontent.com/pod-product-compliance
Lightning Source LLC
Chambersburg PA
CBHW081402280526
45788CB00009B/2966